LA
BATAILLE NAPOLÉONIENNE

PAR

H. CAMON

Chef d'escadron d'artillerie

BREVETÉ D'ÉTAT-MAJOR

PARIS

LIBRAIRIE MILITAIRE R. CHAPELOT ET Cᵉ

IMPRIMEURS-ÉDITEURS

SUCCESSEURS DE L. BAUDOIN

30, Rue et Passage Dauphine, 30

—

1899

LA
BATAILLE NAPOLÉONIENNE

PARIS. — IMPRIMERIE R. CHAPELOT ET C⁹, 2, RUE CHRISTINE.

LA
BATAILLE NAPOLÉONIENNE

PAR

H. CAMON
Chef d'escadron d'artillerie

BREVETÉ D'ÉTAT-MAJOR

PARIS
LIBRAIRIE MILITAIRE R. CHAPELOT et Cᵉ
IMPRIMEURS-ÉDITEURS

SUCCESSEURS DE L. BAUDOIN

30, Rue et Passage Dauphine, 30

1899

AVANT-PROPOS

La guerre est un art — ses productions sont les batailles.

« Une bataille, a écrit Napoléon, est une action dramatique qui a son commencement, son milieu et sa fin. L'ordre de bataille que prennent les deux armées, les premiers mouvements pour en venir aux mains : c'est l'exposition ; les contre-mouvements que fait l'armée attaquée forment le nœud, ce qui oblige à de nouvelles dispositions et amène la crise d'où naît le résultat ou dénouement. »

La bataille est une œuvre d'art et de l'espèce la plus délicate, car son plan général seul peut être arrêté à l'avance et l'improvisation est la loi même de sa production. Aussi, cet artiste qu'est le général a-t-il besoin de qualités spéciales : perception rapide des situations et décision soudaine pour choisir immédiatement la solution la meilleure. Et ce n'est pas le temps seul qui échappe au général, c'est l'ennemi qui trompe son attente, ses collaborateurs qui comprennent mal sa pensée et détruisent souvent toute l'économie de son plan, comme Marmont à Leipzig, Ney à Ligny, pour Napoléon. Aussi voit-on les grands capitaines s'ingénier, dans leur plan de bataille, à enfermer l'initiative de leurs subordonnés dans des limites très déterminées, de façon à souffrir le moins possible d'une fausse manœuvre de leur part.

La bataille étant une œuvre d'art, il convient de l'étudier par les méthodes qu'on applique aux œuvres d'art.

Il faut l'étudier dans sa structure intime, montrer, sur cette structure, le style du général et indiquer pourquoi telle bataille est, par son plan, supérieure ou inférieure à telle autre.

II

Prenons une bataille d'un grand capitaine, étudions-la dans son détail. Tout d'abord, perdus dans les effectifs, les accidents du terrain, la marche des colonnes, la succession des attaques, nous nous croirons dans une mêlée confuse où le hasard et l'initiative des sous-ordres règnent en maîtres.

Mais arrêtons-nous sur cette bataille le temps nécessaire, nous y distinguerons alors de grandes lignes formant un cadre solidement charpenté. Ce cadre, qui localise l'influence du hasard et des sous-ordres, qui donne à la lutte sa forme générale, et lui impose son dénouement, c'est *le plan* de la bataille tel qu'il est sorti du cerveau du général.

III

Recommençons le même travail sur une deuxième bataille du même général, puis sur toutes les autres, mettons au jour leurs différents plans. Ces plans qui, au premier abord, nous apparaissaient comme autant de solutions particulières de problèmes différents, révèlent, à un examen plus attentif, des caractères communs, une ressemblance indéniable, des airs de famille certains qui permettent de les dériver d'un type unique.

Ce type, qu'aucune des batailles du général n'aura réalisé, mais dont toutes procèdent, quelques-unes s'en approchant de très près, c'est *l'agencement idéal* des moyens dont il disposait, c'est-à-dire l'agencement de ces moyens suivant les procédés qu'il regardait comme les meilleurs, les plus économiques, les plus sûrs pour arriver à la victoire. C'est ce qu'en deux mots, on peut nommer *sa bataille*.

On pourrait croire, tout d'abord, qu'un général doit forger autant de types différents de bataille qu'il a d'adversaires différents à combattre. Il n'en est rien. En changeant d'adversaires, le général n'a pas d'ordinaire à constituer un type entièrement nouveau de bataille parce que, à chaque époque, les caractères et la tactique des armées voisines tendent à s'identifier.

Sous Frédéric, les armées impériales, autrichiennes et françaises avaient à peu près la même tactique. Que Frédéric se tournât vers le sud ou vers l'ouest, le même type de bataille pouvait lui servir. En 1805, le même type de bataille pouvait servir à Napoléon contre les Autrichiens et contre les Prussiens.

Bien entendu, en face d'un adversaire d'un caractère exceptionnel, le type normal doit être modifié.

C'est pour avoir voulu appliquer leur type normal contre les Russes, sans tenir compte du caractère particulier du soldat russe, que Frédéric échoua à Zorndorf et à Kunesdorf et Napoléon à la Moskova.

Un général n'a donc qu'un seul type de bataille qui subit pourtant une certaine *évolution*, pour peu que la carrière du général soit longue, pour tenir compte des changements survenus dans la tactique de ses adversaires qui tend à se modeler sur la sienne.

Sur la fin de sa vie, Frédéric sentait que son type de bataille, celui de Leuthen, était démodé. Il le dit nettement dans son testament militaire et il en eût cherché un autre, s'il lui avait fallu défendre encore ses conquêtes les armes à la main.

Un seul type de bataille a suffi à Napoléon. Mais il a évolué, partant du plan d'Iéna pour aboutir à celui de Leipzig, en passant par le type de Bautzen.

IV

Ayant mis à jour les types de batailles des grands capitaines, un pas reste à faire encore. Comparons-les entre eux, en faisant abstraction des armes, des distances d'engagement. Nous reconnaîtrons bien vite que tous répondent à cette formule : *Produire sur le front adverse une désorganisation locale assez puissante pour en entraîner la désorganisation totale;* « la brèche faite, l'équilibre est rompu, tout le reste devient inutile [1] ».

Cette formule générale, chacun de ces capitaines l'a réalisée avec les moyens de son époque ; et ce sont ces moyens qui ont imprimé à son type de bataille ses caractères particuliers.

Par une réciproque nécessaire, l'histoire ne reconnaît pour grands que les généraux qui ont su pratiquer cette adaptation et résoudre, avec les moyens de leur temps, la formule générale de la bataille.

V .

Actuellement, l'étude des batailles en est encore à la description individuelle et anecdotique, à peu près où en était l'Histoire naturelle avant Geoffroy-Saint-Hilaire.

Il faut aller plus loin, et, après avoir fait œuvre d'analyse, faire œuvre de synthèse.

Comme il serait extraordinaire qu'il n'y eût pas entre les batailles d'un même général des caractères communs, il faut disséquer ces batailles, en faire l'anatomie comparée, pour retrouver ces caractères communs dont l'ensemble forme le type normal de ce général, chacune de ces batailles n'étant, à proprement parler, que l'appli-

---

[1] Napoléon.

cation de ce type à des circonstances données de terrain, d'effectif et de situation.

Toutes les batailles d'un même général ne se sont pas, d'ailleurs, développées suivant le type normal. Il y a des batailles simplement ébauchées ou difformes. Il faut chercher les causes des anomalies de leur organisation ; cette étude fera ressortir plus nettement les caractères permanents du type. Ce sera la *tératologie* des batailles.

Mais ce type ne s'est pas formé tout seul dans la tête du général, il faut montrer comment il dérive du type d'un prédécesseur, étudier sa *genèse*, son *embryogénie*.

Enfin, il sera intéressant de rechercher dans l'histoire ancienne, dans l'histoire des Grecs, par exemple, ces ouvriers d'art par excellence, si l'on trouve quelque organisation bien réelle de la bataille : ce sera là, si l'on veut, la *paléontologie* des batailles.

Il faut en définitive constituer *la science des batailles*, comme Geoffroy Saint-Hilaire et ses illustres successeurs ont constitué la science des êtres vivants. Il n'y a pas d'autre moyen, pour cela, que de procéder à la façon de ces naturalistes, c'est-à-dire par monographies copieuses, précises, mais ordonnées par des vues d'ensemble de façon à faire ressortir surtout les *analogies* et les *différences* : étudier les grandes familles de batailles et déterminer l'évolution de l'une à l'autre de ces familles.

Nous nous bornerons dans ce travail, à étudier la famille napoléonienne.

VI

L'étude des batailles serait singulièrement facilitée si l'on pouvait séparer nettement la *préparation* de la bataille de son *exécution*, c'est-à-dire la *Stratégie* de la *Tactique*.

Avec Frédéric, la chose est très facile. Avec Napoléon

elle est impossible parce que sa bataille est *stratégique*, j'entends par là qu'elle est la résultante inéluctable de ses manœuvres stratégiques qui ont pour objet, dans leur tragique simplicité, d'acculer l'ennemi à une bataille et de rendre celle-ci décisive pour terminer la guerre d'un seul coup.

Le système de sa bataille est déterminé par son plan de campagne lui-même :

« Dans un art aussi difficile que celui de la guerre, c'est souvent dans le système de campagne qu'on conçoit le système d'une bataille ; il n'y aura que les militaires bien exercés qui comprendront ceci [1]. »

Comment dès lors fixer l'endroit exact où la Stratégie finit, où commence la Tactique ?

Mais comme la condition nécessaire de toute analyse c'est la division, nous diviserons arbitrairement cette étude en deux parties : Stratégie, Tactique.

D'ailleurs la stratégie et la tactique napoléoniennes sont régies par un principe commun :

« Il en est des systèmes des guerres comme des sièges des places : il faut réunir ses feux sur un même point. La brèche faite, l'équilibre est rompu, tout le reste devient inutile [2]..... »

Tel est le principe que le général Bonaparte, commandant l'artillerie de l'armée d'Italie, formulait dès 1794. C'est ce principe que, durant toute sa carrière, Napoléon appliqua en tactique comme en stratégie, dans *l'exécution* de sa bataille comme dans sa *préparation*.

---

[1] Napoléon, *Observations sur la bataille d'Austerlitz.* Correspondance, pièce n° 10032.

[2] *Note sur la position politique et militaire des armées de Piémont et d'Espagne*, remise par Robespierre jeune le 1er thermidor an II au Comité de salut public et dont l'auteur est certainement le général Bonaparte.

PREMIÈRE PARTIE

STRATÉGIE

PRÉPARATION DE LA BATAILLE

« Mon plan de campagne, c'est une bataille et toute ma politique :
c'est le succès (1) ».

Tel est le tréfonds de la stratégie de Napoléon, qu'empereur il dévoila un jour, à Witebsk, à ses généraux
assemblés, mais que le général Bonaparte portait dans sa
tête dès 1794.

L'idée de Napoléon pour toutes ses entrées en campagne
est toujours la même : avoir une bataille immédiate, l'avoir
décisive. Ce qu'il veut, c'est cette victoire décisive et immédiate qui met à terre son adversaire, glace d'effroi ses
alliés secrets, cette victoire qui termine la guerre d'un
seul coup : Marengo, Ulm, Iéna.

Comme ses prédécesseurs, c'est par une supériorité
marquée sur son adversaire que Napoléon s'efforce d'obtenir la victoire, mais c'est par la simplicité des procédés
employés pour arriver à cette supériorité et par la gran-
deur des résultats obtenus qu'éclate son génie.

La commune manière des généraux du XVII° siècle,
consistait à ruser avec l'adversaire pour l'amener à disperser ses forces. Ils s'efforçaient de le tromper par des
diversions, de fausses attaques, quitte à se disperser eux-
mêmes, et ne risquaient la bataille qu'au moment où ils
se croyaient assurés d'une supériorité numérique marquée.

---

(1) Paroles de Napoléon à ses généraux, à Witebsk. Baron Fain, secré-
taire de Napoléon pendant la campagne de 1812.

C'était là une sorte de jeu d'échecs qu'affectionnaient les meilleurs généraux d'alors ou, si l'on veut, une sorte d'escrime où les deux adversaires se plaisaient à étaler en des passes brillantes, mais rarement décisives, devant l'Europe attentive, toutes les ressources de leurs talents stratégiques.

En réalité, c'était bien plutôt le jeu du hasard et des rencontres imprévues.

Si l'ennemi ne se laissait pas tromper, on en était pour ses ruses et ses marches, et l'on pouvait louvoyer longtemps avant de se trouver dans la situation désirée pour livrer bataille. C'était en fait la subordination des opérations aux résolutions de l'adversaire.

Napoléon rompt avec la routine de ses prédécesseurs. Ce n'est pas un escrimeur qui attend d'assauts brillants une vaine renommée de stratège : c'est un chef de gouvernement qui considère la guerre comme un moyen brutal mais rapide, pour trancher les difficultés qu'il rencontre dans sa politique extérieure.

Ce qu'il veut, c'est une décision rapide. Son plan est fait en conséquence. Diversions, feintes, qui, avant l'ouverture des hostilités, peuvent déterminer l'ennemi à étendre son front, certes il n'a garde de les dédaigner, mais il ne leur accorde qu'un rôle secondaire ; il a mieux à faire qu'à se mettre à la remorque des résolutions de son adversaire.

I

LA MANŒUVRE INITIALE

Pour avoir sa bataille, pour empêcher l'ennemi de lui échapper et de se replier sur une armée de secours, sur une armée alliée, le procédé de Napoléon, c'est de se lancer avec toutes ses forces massées, sur la ligne de retraite de cet ennemi pour ne lui laisser d'autre alternative que de capituler ou d'essayer de se faire jour.

Par des marches rapides, préparées dans le plus grand secret, il rassemble avant l'ouverture des hostilités, aussi près que possible de son adversaire, une masse capable de l'ébranler en quelque situation qu'il le trouve.

Sûr du succès, sa seule crainte est que son adversaire lui échappe. Brusquement, il entame la guerre en lançant son armée dans la zone de retraite de cet adversaire, il s'efforce d'y saisir une barrière topographique, ligne de montagnes, fleuve ou rivière et d'en occuper les principaux passages pour l'enfermer comme en un champ clos. C'est alors seulement qu'il se retourne sur lui et commence *sa battue*. Démoralisé, affolé, l'ennemi ne sait quelles résolutions prendre : ou bien il se pelotonne comme un troupeau sous l'orage et c'est Ulm, ou bien il affronte la bataille et c'est Marengo, ou bien il se divise pour mieux échapper et c'est Iéna.

En 1800, tandis que Mélas a ses forces retenues devant Gênes et sur le Var, Napoléon constitue son armée de morceaux divers, secrètement acheminés sur Dijon puis sur Genève. Au prix d'efforts inouïs il franchit les Alpes au Grand-Saint-Bernard et, aussitôt débouché en Italie, court occuper le défilé de la Stradella entre les Apennins et le Pô, barrant ainsi avec son gros la ligne de retraite naturelle des Autrichiens sur Vienne, tandis que par des détachements postés sur le Tessin, il intercepte leurs lignes indirectes de retraite au nord du Pô.

En 1805, par des marches prodigieuses, il amène son armée de Boulogne sur le Rhin vers Mayence. Puis, tandis que par de fausses attaques, il retient Mack sur la forêt Noire, il court occuper la ligne du Lech sur les derrières des Autrichiens, leur barrant ainsi leur ligne de retraite naturelle sur Vienne et, par ses détachements sur les affluents nord du Danube, leurs lignes de retraite indirectes sur la Bohême. C'est alors seulement qu'il se retourne contre les Autrichiens pelotonnés autour d'Ulm.

« Que si je n'avais voulu que battre l'ennemi, écrit-il à Soult, le 12 octobre 1805, je n'aurais pas eu besoin de tant de marches et de fatigues......, mais que je veux le prendre et qu'il faut que, de cette armée, il ne reste pas un seul homme pour en porter la nouvelle à Vienne. »

En 1806, à l'affût derrière le Franken-Wald, il laisse les Prussiens s'avancer en Thuringe. Brusquement alors, il jette son armée droit sur Leipzig; et ce n'est qu'après avoir intercepté sur la Saale, les différentes lignes de retraite de l'armée prussienne, sauf celle de Magdebourg (une souricière), qu'il se retourne contre elle et l'accable à Iéna et à Auerstædt.

En 1809, l'archiduc Charles a pris l'initiative des opérations, croyant surprendre et détruire l'armée française avant l'arrivée de Napoléon. Napoléon accourt comme la foudre, et, trouvant son armée dispersée entre Ratisbonne et Augsbourg, commence par la rassembler à mi-distance de ces deux villes. Puis opposant Davout de front à l'armée autrichienne qui a passé l'Isar à Landshut, et s'avance dans le grand coude que forme le Danube à Ratisbonne, il se jette lui-même avec le reste de ses forces sur les derrières de l'archiduc à Landshut. Il lui enlève ses parcs, ses convois, son équipage de pont, et lui barre sa ligne de retraite naturelle sur Vienne. Cela fait, il se rabat sur l'archiduc, l'accule au Danube et va le réduire à capituler. Mais Ratisbonne, mal approvisionnée en munitions par Davout, mal défendue par le colonel Coutard, ouvre ses portes et ses ponts à l'armée autrichienne, qui peut s'échapper en Bohême par la rive gauche du Danube.

Et il en est ainsi pour toutes ses campagnes quand il se sent en suffisante supériorité.

Manière terrible, inconnue jusqu'à lui, que personne n'a osé imiter, qui effrayait ses généraux eux-mêmes, parce qu'ils ne pouvaient embrasser tous les éléments de ses calculs matériels et moraux.

Il faut une singulière habileté pour amener une armée en masse dans la zone de retraite de l'adversaire et à son insu.

C'est par des trouvailles de génie que Napoléon arrive à tromper l'ennemi sur cette manœuvre toujours la même.

Il la tente par des directions imprévues et la poursuit avec une opiniâtreté irréductible, dans l'absolue sécurité que lui assure son admirable prévoyance.

Mais, à mesure que les effectifs grossissent et que grandit le théâtre d'opérations, le système qui lui a donné Marengo, Ulm, Iéna, se heurte à des difficultés plus grandes et, en 1812, la bataille cherchée finit par lui échapper.

Pour réussir sa manœuvre initiale, le premier soin de Napoléon est de choisir la *position initiale de rassemblement* de son armée aussi proche que possible de l'armée ennemie, de manière qu'en un bond, il puisse se trouver sur ses derrières. Et c'est dans le plus profond secret qu'il amène ses corps sur cette position de rassemblement.

En 1800, c'est en secret qu'il achemine l'armée de réserve sur Genève, sa position initiale de rassemblement. En 1805, il prend cette position sur le Rhin, de Mayence à Strasbourg. En 1806, c'est derrière le Franken-Wald qu'il masse son armée, le plus près qu'il peut de la Bohême, pour atteindre en trois marches les derrières des armées prussiennes.

II

SUPÉRIORITÉ TOTALE DANS LA BATAILLE

Mais ce n'est pas tout d'acculer l'adversaire à une bataille, qui, en raison de la situation renversée des deux armées, doit être décisive. Encore faut-il avoir mis de son côté toutes les chances de remporter la victoire.

Il faut s'être assuré la *supériorité totale* sur l'adversaire : j'entends par là cette supériorité qui est faite du total des forces matérielles et des forces morales.

Il faut insister sur ce point, car souvent, faisant le compte des effectifs amenés par Napoléon à cette bataille à fronts renversés, on s'est cru en droit de l'accuser de témérité, alors que, dans le calcul des forces en présence, on oubliait les forces morales.

Oui, ceux qui ne pèsent que les données *matérielles*, ne peuvent comprendre la stratégie de Napoléon. Ses plus belles manœuvres sont pour eux des fautes stratégiques, des manquements aux principes, de condamnables témérités. Mais tenons compte des actions morales, introduisons-les dans les calculs, et il nous apparaîtra que sa manière, pour audacieuse qu'elle est, n'est rien moins que téméraire.

Et pense-t-on vraiment qu'il soit négligeable, l'effet moral produit sur l'adversaire par cette apparition soudaine de Napoléon avec toute son armée sur ses derrières, lui enlevant ses magasins, ses parcs, ses hôpitaux, ses courriers, ses convois.

Napoléon sait quel ébranlement profond, quelle démoralisation immédiate, produit chez l'adversaire une offensive soudaine, inattendue; quelle stupeur l'envahit, le paralyse, ne le laissant capable que de projets insensés, d'efforts incohérents.

Ces fautes de l'adversaire, filles de la démoralisation, Napoléon les escompte, les fait entrer dans ses calculs. L'ennemi épouvanté est à demi vaincu et, comme le premier Consul l'écrivait dans le bulletin de l'armée de réserve du 6 juin 1800 :

« Le premier acte de la campagne est terminé. »

Ce premier acte facilitait singulièrement la besogne ultérieure de ses soldats en désagrégeant moralement et matériellement l'adversaire.

III

LES TROIS ACTES DES OPÉRATIONS STRATÉGIQUES

On peut, en adoptant la comparaison de Napoléon d'une campagne avec un drame, répartir les opérations stratégiques en trois actes.

Dans le premier acte, Napoléon s'efforce de gagner, dans le plus profond secret possible, sur les derrières de son adversaire, la zone de retraite de cet adversaire. C'est l'acte de *préparation des actions décisives* et de la *démoralisation préalable*.

Le second acte est l'*acte des actions décisives* réduites ou non à une bataille unique.

Le troisième acte est celui de l'*utilisation de la victoire*, de l'achèvement de l'ennemi.

Le premier acte est la période de marches rapides. Peu ou point de convois, on vit comme l'on peut sur le pays. La chose essentielle est d'aller vite, de surprendre l'ennemi par la rapidité de la marche, de telle sorte qu'il ne lui soit pas possible de modifier ses dispositions et de concentrer ses forces en temps et lieux opportuns.

Les jambes du soldat: voilà l'instrument de la surprise.

Napoléon sait les fatigues, les souffrances des troupes, les difficultés, les impossibilités du ravitaillement. Plaintes des maréchaux, plaintes des directeurs des services administratifs, plaintes des soldats, rien ne peut l'émouvoir.

La maraude, l'indiscipline, conséquences forcées des privations, déciment l'armée. 50,000 hommes restent en arrière. Que lui importe ? Ces pertes, il les a prévues : il lui faut 150,000 hommes pour écraser l'ennemi, il en a pris 200,000 ; c'est 50,000 pour les déchets des débuts, 50,000 qui rejoindront plus tard l'armée. Et son but est atteint, il a surpris l'ennemi en flagrant délit de réunion.

Aux beaux jours de 1805, de 1806, alors que les chefs sont jeunes, robustes, ambitieux, soucieux de satisfaire celui dont ils attendent tout, que les soldats sont trempés par les dix années de guerre de la Révolution, une victoire immédiate et décisive est le prix des fatigues supportées, des souffrances endurées et de cette incroyable activité. En cinq jours, une campagne est décidée, qui, conduite par un autre, eût duré six mois ou plus, dans des alternatives diverses, de multiples combats, avec des pertes infiniment plus considérables du fait du feu, du temps et des maladies.

Eu égard aux résultats, jamais campagnes ne furent plus économiquement conduites que celles d'Ulm, d'Iéna, d'Eckmühl. Sur ce théâtre d'opérations de l'Allemagne centrale, si bien routé, si riche en ressources, rien de plus légitime que ce procédé stratégique de jeter ses forces en une seule masse sur les derrières de l'ennemi.

En avançant dans sa carrière, Napoléon, comme tout artiste, exagéra l'emploi de ses procédés, il n'apporta plus dans ses calculs la même rigueur, ne tint pas un compte suffisant des difficultés matérielles, de l'ardeur patriotique de ses ennemis. Il s'illusionna sur la crainte qu'il inspirait ; et, le climat, le terrain passant eux aussi à l'ennemi, ce qui lui avait réussi à Marengo et à Ulm, en Italie et en Bavière contre les Autrichiens, en Saxe, à Iéna contre les Prussiens, échoua en Russie, en 1812, contre les Russes. Ce monde qu'il a voulu soulever retombe de tout son poids sur son levier usé.

En 1812, les moyens ne sont plus adéquats à la conception : des généraux fatigués, comblés d'honneurs et de richesses, n'aspirant plus qu'au repos, des soldats trop jeunes, beaucoup étrangers, sans enthousiasme pour la guerre. Napoléon, au milieu des rivalités de ses généraux, des retards de ses colonnes, court après la bataille décisive sans pouvoir l'atteindre. La campagne se traîne dans l'hiver et la neige remporte la victoire.

En 1813, l'outil est plus médiocre encore. La confiance de l'ouvrier même est ébranlée. A l'entrée en campagne Napoléon n'ose plus brusquer l'offensive. Pour la première fois, il est méthodique, lent, ne veut livrer bataille que toutes forces en mains, cavalerie au complet. Cette attitude singulière, inattendue, enhardit son adversaire, qui l'attaque en pleine marche : d'où cette bataille de Lützen, victoire pourtant, mais victoire à la Pyrrhus, coûteuse et funeste comme une défaite.

IV

PLAN DE CAMPAGNE A PRIORI

De ce qui précède, il ressort que Napoléon a toujours fait son plan de campagne *a priori* et d'après les renseignements généralement assez vagues qu'il a pu se procurer sur le rassemblement initial de son adversaire. C'est *a priori* qu'il détermine la zone-manœuvre où il va jeter son armée sur les derrières de cet adversaire.

On a blâmé cette stratégie. On s'est étonné de lui voir désigner comme objectifs initiaux des villes : Milan en 1800, Augsbourg en 1805, Dresde, Leipzig et Berlin en 1806, Landshut en 1809, Vilna en 1812. N'est-ce pas le vieux jeu? Pourquoi ne pas marcher directement à l'ennemi, précédé d'une armée d'avant-garde donnant le temps et l'espace nécessaires pour se préparer à la bataille.

Si l'on y avait regardé de plus près, on aurait vu que la conception de l'Empereur n'avait rien de commun avec celle des généraux du siècle précédent, qui prenaient une ville pour s'en faire un gage et amener, sans bataille, l'ennemi à composition.

Est-ce pour déterminer l'ennemi à se retirer sans combat et s'assurer d'un gage, que Napoléon prend des villes comme objectifs initiaux? Sont-ce même des objectifs? Mais non, ce ne sont que des directions pour atteindre les derrières de l'ennemi, puisque, avant d'entamer les actions décisives, il veut avoir coupé toutes les lignes de retraite de l'adversaire.

« La théorie, a écrit Clausewitz, exige que pour marcher au but, on prenne la ligne la plus courte, ce qui met fin à ces interminables discussions sur les vertus des manœuvres par la droite ou par la gauche. *Napoléon n'a jamais fait autrement* : la grande route qui conduisait directement à l'ennemi était son axe de prédilection. Il a toujours marché droit au but, sans se préoccuper en rien du plan stratégique de son adversaire, sachant que tout dépend des résultats tactiques et ne doutant jamais de les obtenir. »

N'en déplaise à Clausewitz, Napoléon ne marchait pas droit sur l'armée ennemie. Mais, s'il s'écartait de la ligne droite, ce n'était pas pour essayer de déloger l'ennemi sans bataille, suivant l'antique usage, mais bien au contraire pour rendre la bataille inévitable et décisive.

S'il réunit son armée le plus près possible d'un des flancs de la ligne ennemie, s'il gagne à grandes enjambées une zone-manœuvre sur les derrières de son adversaire, le coupant ainsi de tous ses magasins, de ses renforts et de ses alliés, c'est pour ne lui laisser d'autre alternative, nous l'avons dit, que de se rendre ou de livrer bataille.

« Mon intention, écrit-il au roi de Hollande, le 30 septembre 1806, mon intention est de concentrer toutes mes forces sur l'extrémité de ma droite, en laissant tout l'espace entre le Rhin et Bamberg entièrement dégarni, de manière à avoir près de 200,000 hommes réunis dans un même champ de bataille. »

Et à Soult, le 5 octobre 1806 :

« Avec cette immense supériorité de forces réunies sur un espace si étroit, vous sentez que je suis dans la volonté de ne rien hasarder et d'attaquer l'ennemi, partout où il voudra tenir, avec des forces doubles. »

Qui tourne est tourné. Mais Napoléon prend les soins les plus minutieux pour assurer la vie de son armée pendant le temps nécessaire à la destruction des forces ennemies.

Qu'une pareille façon de faire la guerre ne soit pas à la portée de tous les généraux, c'est incontestable. Deux choses sont nécessaires : cette fermeté d'âme fondée sur la confiance en son génie qui fait marcher à la bataille résolument ; puis, ensuite, des instruments appropriés, c'est-à-dire une armée comme celle de Napoléon en 1806 et des lieutenants comme les siens.

Mais quand on pense à 1800, 1805, 1806 et 1809, on ne peut vraiment blâmer une pareille manière de faire la guerre.

Napoléon ne marche pas droit sur l'ennemi : il fait mieux. Cet ennemi qu'on l'accuse d'éviter, il le ramène, par sa manœuvre, devant son armée, car, où que soit cet ennemi, il reviendra sur sa ligne de retraite dès que cette ligne sera menacée.

Ainsi, au lieu d'avoir à chercher l'ennemi et de se trouver dans cette situation dangereuse et énervante où, tout en se gardant soi-même, on cherche à découvrir les agissements de l'adversaire, où il faut faire partout des détachements pour protéger contre lui ses frontières, Napoléon l'amène dans la zone qu'il a choisie et *l'y amène démoralisé*.

Il produit, en définitive, une situation qu'il a pu étudier à l'avance dans tous ses détails et rendre aussi avantageuse que possible.

Au lieu de laisser à l'ennemi l'initiative des opérations, il le réduit à une *situation subordonnée*. Ce faisant, Napoléon remplit dans toute son intégralité sa tâche de généralissime, qui est d'avoir des idées et d'inventer des manœuvres, pour placer ses troupes dans les conditions les plus favorables à leur engagement. Et, il faut bien le remarquer, le moment le plus favorable pour créer une situation avantageuse à l'engagement des armées est évidemment le moment de l'entrée en campagne, puisque c'est celui où la situation des forces ennemies peut se deviner le plus facilement.

Le plan de campagne est justement l'ensemble des manœuvres initiales inventées par le général en chef pour placer ses forces dans une situation favorable à leur action.

C'est là qu'apparaît le mieux le génie du général. Organiser des armées, les mobiliser, les concentrer sur la frontière, tout cela ne forme qu'une mince partie de sa tâche; il a autre chose à faire que de prendre les armées alignées sur la frontière, et de leur donner, comme un *starter*, le signal du départ. Son rôle est de s'efforcer de faciliter leur besogne et, à cela, Napoléon n'a jamais manqué. Et c'est parce qu'il savait faire son métier, qu'il avait la pleine confiance de ses soldats et en obtenait le possible et l'impossible.

V

ÉCONOMIE DES FORCES SUR LE THÉATRE GÉNÉRAL
DE LA GUERRE

Pour amener le plus de monde possible à sa bataille,
Napoléon fait, et cela le premier, la distinction bien nette
d'un théâtre principal et de théâtres secondaires ordon-
nés, eux aussi, d'après leur degré de convergence vers le
but à atteindre.

« Il en est des systèmes des guerres comme des sièges des places, il
faut réunir ses feux contre un seul point ; la brèche faite, l'équilibre est
rompu, tout le reste devient inutile. »

Ce principe fondamental, que dans la solitude et la
méditation de 1786 à 1793, le lieutenant d'artillerie Bonaparte s'était formulé, sans avoir jamais fait la guerre, a
conduit Napoléon à tout subordonner à une *action décisive* sur son théâtre principal.

Sur ce théâtre, il conduit la guerre en personne avec le
plus de monde qu'il peut y rassembler et y fait une *guerre
de mouvements*.

Sur les théâtres secondaires, il ne laisse que les forces
strictement nécessaires et prescrit aux lieutenants qu'il y
place une *guerre de positions*. J'entends par guerre de
positions celle qui, se cantonnant dans un espace restreint, se cramponne au terrain, aux forêts, aux cours
d'eau, fait appel à la fortification, en un mot, une guerre
qui s'appuie sur des *lignes de défense*.

On trouve, dans la correspondance de Napoléon, de

nombreux passages où il explique la façon dont il faut tirer parti des lignes de défense pour contenir l'ennemi avec des forces inférieures [1] :

En imposer à l'ennemi par des offensives partielles et prudentes, prendre position, lui faire espérer la bataille, lui faire perdre du temps en préparatifs, se retirer avant de se laisser entamer et, toutes précautions prises pour une facile retraite, gagner le temps nécessaire pour réunir toutes ses forces sur la ligne de défense préparée à l'avance et destinée à compenser l'infériorité numérique, défendre cette ligne avec acharnement, en organiser une seconde pour s'y retirer si la première est forcée.

Cette défense pied à pied, seule guerre qu'un général *ordinaire* [2] puisse faire sur un théâtre secondaire, où on ne lui a laissé que des moyens inférieurs à ceux de l'ennemi, empêche les progrès trop rapides de cet ennemi et l'occupe tandis que le sort de la guerre se décide sur le théâtre principal.

Si l'ennemi se retire, le mordre pour le forcer à faire face et le retarder : c'est la seconde partie de ce genre de guerre.

---

[1] Voir, en particulier, la note adressée en 1809, de Valladolid, au prince Eugène.

[2] Expression de Napoléon.

VI

ECONOMIE DES FORCES DANS LES BESOGNES ACCESSOIRES

Pour arriver à la bataille décisive avec le maximum de forces, il faut n'en dépenser qu'un minimum dans les besognes accessoires, c'est-à-dire pour conduire la guerre sur les théâtres secondaires et pour assurer, sur le théâtre principal, la sécurité des mouvements et la vie de l'armée.

Certes, si le général en chef pouvait, toute son armée massée, foncer droit sur l'ennemi, la préparation stratégique serait d'une extraordinaire simplicité.

Mais qu'il y a loin de la réalité à cet idéal : si l'âme du général en chef est mal trempée, il verra des dangers partout, et partout se laissera arracher des détachements : détachements pour couvrir ses derrières et ses flancs, détachements pour assurer la sécurité de cette ligne de communication. qui relie l'armée à sa base de ravitaillement, obsession constante, même pour les plus habiles, et qui a fait dire un jour au maître des maîtres :

« Le secret de la guerre est dans les communications. »

Exagération de langage évidente, mais qui montre l'importance des communications : le secret de la guerre, toutes ses campagnes en témoignent, consiste à s'assurer la supériorité en un point choisi. Ses habiles dispositions pour les communications ne furent qu'un moyen, parmi d'autres, pour s'assurer cette supériorité.

Nul ne sut, comme Napoléon, en imposer à l'ennemi par de faibles corps d'observation sur les théâtres secondaires, et assurer aussi économiquement la vie de son armée.

Prodigue de ses forces sur le champ de bataille, il en est avare, et sordidement avare, partout ailleurs. Et de quels subterfuges ne s'avise-t-il pas pour assurer la sécurité de *sa ligne!* Sa ligne, car il n'en veut qu'une, pour n'en avoir qu'une à protéger, il l'oblique sur son front d'attaque pour la soustraire à l'ennemi, il la dérobe derrière son armée, il la cache derrière des barrières fortifiées, il la forme par une chaîne de places fortes, il la raccourcit, il la change et enfin, au dernier moment, au moment de la crise décisive, au moment de la bataille, il interrompt provisoirement toute communication de l'arrière avec son armée, afin que rien ne la vienne gêner dans ses mouvements, ni ralentir dans sa course à fond de train contre l'armée ennemie.

Il n'entend pas, d'ailleurs, être rivé à une ligne unique de ravitaillement, comme le hanneton à son fil. Il veut, si les nécessités stratégiques l'exigent, pouvoir abandonner sa ligne primitive, ses approvisionnements, ses blessés. Pour cela il organise des *places du moment* où il peut les mettre temporairement à l'abri et s'ouvre une nouvelle ligne, directement couverte par son armée, vers de grands dépôts constitués à l'avance en des lieux fortifiés.

« Dans une armée, écrit-il de Posen, le 8 décembre 1806, à l'intendant général Pétiet, on prépare beaucoup d'établissements dont la moitié doivent être inutiles ; mais c'est pour se trouver en mesure avec les événements. »

En 1806, il organise de grands dépôts à Wurtzburg, à Mayence, à Forcheim et à Augsbourg, de façon à prendre sa ligne de communication vers l'une ou l'autre de ces places suivant les nécessités stratégiques.

En 1809, il fait rassembler des approvisionnements sur

le Lech à Augsbourg, sur le Danube à Ingolstadt, à Neubourg, de telle sorte que, s'il est amené à faire front du côté du Danube, il pourra tirer ses approvisionnements d'Augsbourg ; s'il est forcé de faire front vers le Tyrol, il tirera ses approvisionnements de Neubourg et d'Ingolstadt.

Ces places de dépôts sont capables de résister, non pas à un siège en règle, mais à un coup de main.

Au dernier moment, au moment de la crise décisive, quel avantage d'avoir ses petits dépôts, ses parcs en lieu sûr ! Vivant sur ce qu'ils ont avec eux, ses soldats vont pouvoir se multiplier, courir d'un champ de bataille à l'autre, sans qu'aucun convoi les vienne ralentir.

« Votre marche, écrit-il de Donauwerth, le 17 avril 1809, à Masséna, qu'il veut lancer sur les derrières de l'archiduc, votre marche a pour but de se combiner avec celle de l'armée pour prendre l'ennemi en flagrant délit et détruire ses colonnes. Il faut donc que vous soyez léger, que vous n'ayez point de queue, que le parc d'artillerie soit avec le corps d'armée ; que deux heures après qu'il aura débouché, il n'y ait plus rien sur la route. Tous les bagages qui se trouveront entre Ulm et Augsbourg doivent être enfermés dans Augsbourg ; de sorte que, quand même des partis ennemis viendraient entre Ulm et Augsbourg, ils ne nous enlèvent rien. »

Mais tandis qu'il prend ainsi corps à corps la principale armée de l'adversaire, il lui importe de ne pas être troublé dans sa besogne par l'arrivée inopportune d'une armée de secours ennemie.

Aussi a-t-il soin de placer en observation, face à la route que pourrait prendre cette armée, un corps suffisant sinon pour l'arrêter absolument, tout au moins pour retarder sa marche en s'appuyant sur les obstacles du terrain.

Il constitue ainsi en arrière de lui une *zone d'isolement*.

En 1805, il choisit sa zone d'isolement entre le Lech et l'Isar. Il place Bernadotte et Davout sur l'Isar, derrière lui, face à l'armée russe qui s'avance au secours des Autrichiens.

« Mon intention, écrit-il à Bernadotte, est que vous me débarrassiez de toute espèce d'ennemis entre l'Isar et le Lech..... Je vous laisse maître de vos mouvements ; mais mon intention est que vous ne vous laissiez pas tourner par votre gauche, et que, si cela arrivait, vous vous avanciez de manière à être arrivé sur le Danube avant l'ennemi pour protéger votre corps d'Ingolstadt, et si l'ennemi avait pris trop d'avance sur vous, pour être au moins sur le Lech avant lui, afin de protéger mon pont de Rain. »

VII

LIGNES INTÉRIEURES

Tel a été le procédé normal de Napoléon pour ses entrées en campagne.

Il est arrivé quelques cas pourtant où, se trouvant en infériorité numérique marquée vis-à-vis de son adversaire, il a dû recourir à un autre procédé, celui des lignes intérieures.

« Lorsque, avec de moindres forces, j'étais en présence d'une grande armée, groupant avec rapidité la mienne, je tombais comme la foudre sur l'une de ses ailes et je la culbutais. Je profitais ainsi du désordre que cette manière ne manquait jamais de mettre dans l'armée ennemie pour l'attaquer dans une autre partie, toujours avec toutes mes forces. Je le battais ainsi en détail, et la victoire qui en était le résultat était toujours, comme vous le voyez, le triomphe du grand nombre sur le petit [1] ».

Ainsi fit-il en 1796 en Italie, en 1813 en Allemagne, en 1814 en France, en 1815 en Belgique. Et ces campagnes ne sont pas les moins belles qu'il ait faites. C'est là, peut-être, qu'éclatent le plus les ressources de son génie.

---

[1] Paroles de Napoléon (*Mémoires de Gohier*).

VIII

En résumé, le procédé normal de Napoléon, c'est de jeter son armée par une manœuvre préliminaire sur la ligne de retraite de son adversaire pour l'acculer à la bataille et le démoraliser. Cette manœuvre, il l'imagine, *a priori* sur les renseignements toujours assez vagues qu'il peut se procurer sur le déploiement initial de son adversaire.

DEUXIÈME PARTIE

TACTIQUE

I

SYSTÈME GÉNÉRAL DE LA BATAILLE NAPOLÉONIENNE

« Dans un art aussi difficile que celui de la guerre, c'est souvent dans le système de campagne qu'on conçoit le système d'une bataille : il n'y aura que les militaires bien exercés qui comprendront ceci [1] ».

Le système de la bataille de Napoléon est la résultante de l'idée stratégique qui a inspiré tous ses plans de campagne.

Le plan de campagne de Napoléon, avons-nous dit, est conçu de façon à lui donner une bataille et à la lui donner *décisive*.

Il se traduit par une manœuvre initiale toujours la même.

Pour avoir une bataille, pour empêcher l'adversaire de lui échapper, de se replier sur une armée de secours, Napoléon, après s'être efforcé tout d'abord, par une attitude expectante d'attirer son adversaire à lui, fonce avec ses forces réunies en un seul bloc dans la zone de retraite de cet adversaire. Là, il s'empare d'une barrière topographique, montagne, fleuve ou rivière, en fait occuper les principaux passages et, ayant ainsi enfermé l'ennemi comme en un champ clos, il se retourne sur lui, ne lui laissant d'autre alternative que de capituler ou d'essayer de se faire jour.

Si son adversaire se divise, Napoléon éparpille lui-même

. [1] Napoléon. *Observations sur la bataille d'Austerlitz.*

ses corps pour conduire la chasse. Ainsi fit-il en 1805 autour d'Ulm après un premier projet de bataille.

Si l'adversaire se pelotonne, il le joint, puis, *systématiquement*, divise son armée en deux masses inégales. Avec sa masse *principale*, qu'il compose des deux tiers environ de son effectif, il se dirige droit sur le gros ennemi lui coupant, par la direction même de la marche, sa principale ligne de retraite : Celle de la Stradella en 1800, celle d'Augsbourg en 1805, celle de Dresde en 1806 [1], celle de Landshut en 1809. Cela fait, il lance à une ou deux étapes de lui, sa masse *secondaire*, pour couper à l'ennemi quelque ligne secondaire de retraite comme la ligne de Novi en 1800, sur laquelle il envoie Desaix, la ligne du Tyrol en 1805, où il envoie Soult; celle de Leipzig en 1806, où il envoie Davout; celle de Kelheim, vers le Danube, en 1809, qu'il fait barrer par Davout à Eckmühl [2].

La masse secondaire forme donc l'extrémité du filet que Napoléon déploie en travers des lignes de retraite de l'ennemi pour ramasser tous ses corps, et empêcher qu'il en échappe aucun, pour rendre en un mot sa victoire *décisive*.

Napoléon a toutes chances d'ailleurs de ramener l'ennemi sur sa masse principale, puisque c'est cette masse principale qui barre à l'ennemi sa principale ligne de retraite. Mais il est arrivé que l'ennemi démoralisé, prenant des résolutions incohérentes, est venu heurter la masse secondaire de Napoléon : la masse de Davout à Auerstædt, à Eckmühl (première journée).

---

[1] En 1806, on serait tenté au premier abord de penser que la ligne de retraite principale des Prussiens était par Leipzig, sur Berlin. En réalité, elle était par Dresde, sur Breslau, par où devait arriver l'armée russe.

[2] Les passages du Danube vers Kelheim étaient, dans l'esprit de Napoléon, les seules issues qui restaient à l'archiduc, puisqu'il comptait que Ratisbonne serait énergiquement défendue par le colonel Coutard.

« Mais un corps d'armée de 25 à 30.000 hommes peut être isolé ; bien conduit, il peut se battre ou éviter la bataille et manœuvrer, suivant les circonstances, sans qu'il lui arrive malheur, parce qu'on ne peut le forcer à un engagement et qu'enfin il doit se battre longtemps [1] ».

Et il y a plus d'un moyen, pour un général habile qui dispose d'un corps d'armée, de résister temporairement à un ennemi même supérieur. D'abord il peut s'établir sur la porte même de retraite de l'ennemi (Davout aurait pu s'établir au défilé de Kœsen le 14 octobre 1806). Un chef intrépide peut faire mieux encore : prendre résolument l'offensive et en imposer ainsi à toute une armée démoralisée (comme le fit Davout à Auerstædt, à Eckmühl).

C'est d'ailleurs à son lieutenant le plus habile, le plus résolu, le plus opiniâtre, que Napoléon confie sa masse secondaire. Tant qu'il eut Davout sous la main, ce fut à lui qu'il la confia : en 1806 en Saxe, en 1809 en Bavière. En 1813, Davout étant à Hambourg, il dut la confier à Ney, doublé de Jomini. Mais Ney, malgré Jomini, fut inférieur à sa tâche et la victoire de Bautzen en manqua d'être décisive.

On a accusé Napoléon d'avoir bénévolement exposé au désastre Davout à Auerstædt, à Eckmühl..... tandis qu'il s'assurait la victoire à lui-même en conservant sous sa main propre la majeure partie de ses forces. De tels calculs ne sont pas d'un chef d'État pour lequel la guerre est l'unique moyen de politique. Encore bien moins sont-ils de Napoléon.

Pour agir contre le gros ennemi et décider la victoire, il fallait bien qu'il conservât le plus de forces possible et, s'il les conduisait lui-même, c'est qu'il savait ne pouvoir les mettre en meilleures mains.

---

[1] Napoléon.

En fait, le jeu de cette masse secondaire chargée de rendre la victoire décisive est d'une certaine élasticité et les différents rôles qu'elle a eu à remplir, ont donné aux batailles napoléoniennes leurs physionomies si variées.

Suivant les circonstances, la bataille stratégique peut se résoudre en un certain nombre d'actions secondaires comme en 1805 autour d'Ulm, ou donner lieu à deux actions concomitantes comme en 1806 Iéna-Auerstædt, en 1809 Eckmühl-Landshut. L'une de ces actions peut d'ailleurs avorter si la masse secondaire donne dans le vide comme il arriva à la masse de Desaix à Marengo (première bataille). Enfin, la bataille atteint son entier développement tactique, lorsque, par son rabattement, la masse secondaire vient, dans l'action elle-même, se juxtaposer à la masse principale comme la masse secondaire de Ney vint dans la bataille de Bautzen [1] se joindre au gros de Napoléon.

Eh quoi, dira-t-on, voilà les enseignements que nous donne Napoléon? Au voisinage de l'ennemi, il éparpille ses corps? La veille d'une bataille il fait un gros détachement? Est-ce donc cela qu'il faut imiter?

On n'a jamais conseillé à personne d'imiter le génie : il faut étudier ses œuvres, y chercher des lumières et non des procédés à imiter.

Oui, Napoléon disperse quelquefois son armée comme un chasseur sa meute. Mais c'est quand l'adversaire démoralisé, affolé, n'est plus capable que d'efforts incohérents. Qu'a-t-il à craindre et pourquoi ne pas tout oser? Et c'est Ulm et c'est Iéna.

D'ailleurs, ses mesures sont prises pour avoir, en cas

---

[1] A Bautzen, la masse secondaire seule pouvait intercepter la ligne de retraite de l'ennemi. Par la faute de Ney, elle ne parvint pas jusque-là, d'où le faible rendement de la victoire.

de besoin, toutes ses forces concentrées en temps utile sur un même champ de bataille.

D'aucuns ont voulu faire condamner Napoléon par Napoléon lui-même. Ils l'ont accusé d'avoir violé ses propres maximes en faisant de gros détachements la veille d'une bataille et d'avoir commis ainsi d'inexcusables fautes.

Que Napoléon ait péché une fois par hasard, soit; mais qu'il ait péché autant de fois qu'il a livré bataille, c'est une chose extraordinaire et, pour tout dire, inadmissible. On se fût évité un tel contre-sens en remarquant que le procédé était absolument systématique. Certes, depuis Marengo, Napoléon savait à quoi s'en tenir sur les dangers de son procédé. S'il s'y est tenu pendant toute sa carrière, c'est qu'il n'a pu trouver un moyen moins dangereux pour obtenir les résultats décisifs qu'il visait. S'il a réussi le plus souvent, c'est que son génie, perçant les ténèbres de la situation, ne s'en laissait pas imposer par les ombres de dangers qui eussent arrêté un général ordinaire.

Son *détachement*, il ne le risque qu'après avoir envisagé les conséquences d'une erreur possible sur la position du gros ennemi et après avoir pris les précautions les plus minutieuses pour éviter un malheur.

C'est ainsi, par exemple, qu'il se reliait à sa masse secondaire par un corps intermédiaire : en 1806, le 14 octobre, il avait placé le corps de Bernadotte à Dornburg, entre Iéna et Kœsen.

Si Napoléon a violé ses propres maximes, c'est de parti pris et parce qu'il en espérait des bénéfices extraordinaires.

II

LES TROIS TYPES DE LA BATAILLE NAPOLÉONIENNE

Le type normal de la bataille napoléonienne est donc celui où la masse secondaire et la masse principale ont pu se rapprocher pour resserrer entre elles l'ennemi comme entre les deux mâchoires d'une tenaille. C'est le type d'Iéna-Auerstædt, réalisé au plus près à Bautzen.

Il est arrivé à Napoléon de ne pas se sentir en suffisante supériorité sur l'ennemi pour jouer le grand jeu, c'est-à-dire pour exécuter entièrement son plan de bataille stratégique.

Au lieu d'envoyer sur les derrières de l'ennemi une *masse tournante* d'un gros effectif, il conservait son armée tout entière dans sa main, se contentant, le matin même de la bataille, de détacher sur l'une des ailes de l'ennemi une *masse débordante* d'effectif restreint. Il ne cherchait qu'à vaincre, et non plus à terminer la guerre par sa victoire. De *stratégique*, la bataille devenait, à proprement parler, *tactique*.

La bataille de la Moskova peut être considérée comme le type de cette bataille diminuée.

Mais, à mesure que croissaient ses effectifs, la difficulté de diriger personnellement l'action sur toute l'étendue d'un front immense, amène Napoléon à agrandir son type normal par l'adjonction d'un *champ défensif* du côté opposé à l'attaque débordante.

Ce champ défensif est, en tactique, l'analogue des théâtres secondaires en stratégie.

A vrai dire, ce champ défensif, Napoléon l'a déjà dans son type normal, mais à l'état embryonnaire; il existe à Bautzen, là où combat Oudinot ; à la Moskova, à la gauche de Borodino ; à Austerlitz, au Santon. Mais c'est à Leipzig qu'il lui a donné son entier développement.

Tandis qu'il travaille en personne sur son ancien front de bataille, dans ce que nous appellerons son *champ offensif*, il laisse dans son champ défensif, appuyés sur les obstacles du terrain, des corps dont le rôle est de s'accrocher à des forces ennemies d'un effectif supérieur au leur, de les retarder, de les empêcher de pénétrer dans le champ offensif. Pour remplir ce rôle, sans courir de désastres, il faut à ces corps une zone de recul suffisante et un terrain coupé d'obstacles : lignes d'eau, forêts, montagnes.

Napoléon met toute son ingéniosité à les leur procurer.

Tel fut le type de la bataille de Leipzig, qui peut être donné comme le plus développé de la bataille napoléonienne. Ce type de Leipzig, indéfiniment susceptible d'accroissement, semble le vrai type de la bataille de demain.

III

STRUCTURE INTERNE DE LA BATAILLE NAPOLÉONIENNE

Après avoir mis à jour le système général de la bataille napoléonienne, dont l'objet, avons-nous dit, est de rendre cette bataille décisive, de décider la campagne d'un seul coup, étudions-en la *structure interne*, combinée pour obtenir à moindre prix la victoire.

Pour vaincre, il n'est pas nécessaire de triompher sur tout le développement du front ; le moyen le plus sûr et le moins coûteux d'emporter la victoire, c'est de produire, sur le front adverse, par un vigoureux coup de force, une désorganisation locale assez puissante : « la brèche faite, l'équilibre est rompu, tout le reste devient inutile ».

Ce coup de force, c'est l'*attaque décisive*, acte capital de la bataille, auquel tous les autres sont subordonnés, ne servant qu'à le *préparer* ou à l'*exploiter*.

De l'attaque décisive dépend la victoire ou la défaite ; elle domine et ordonne toute la bataille napoléonienne, comme cette bataille elle-même domine et ordonne tout le système de la guerre.

L'attaque décisive, c'est l'ouragan instantanément déchaîné qui emporte tout : cent pièces vomissent la foudre, puis les colonnes d'infanterie et de cavalerie balayent le terrain, comme ces trombes qui ne laissent derrière elles que ruines et désastres.

De même que, dans le champ stratégique, Napoléon a comme première préoccupation de se constituer sur son théâtre principal un effectif de forces supérieur à l'effectif que l'ennemi peut lui-même y amener, de façon à livrer dans des conditions aussi favorables que possible l'acte décisif de la guerre, c'est-à-dire la bataille ; de même, dans le champ tactique, c'est-à-dire dans cette bataille, il a comme première préoccupation de se constituer une *masse de rupture* maxima pour conduire dans les conditions les plus favorables l'attaque décisive.

On n'a pas assez médité le soin avec lequel Napoléon prépare son attaque décisive. On peut lui reprocher certaines malfaçons dans les subsistances, dans les marches, dans les cantonnements, dans la vie de l'armée. C'est que, comme tous les grands artistes, c'est aux points capitaux de son œuvre qu'il s'attache. Dans ses opérations, ce qu'il poursuit, c'est la bataille, et, dans la bataille, ce qu'il poursuit, c'est l'attaque décisive. Il emploie toute son énergie à y atteindre, sans trop se soucier des malaises passagers des troupes et des déchets inévitables.

Toute la bataille napoléonienne est orientée vers cette attaque décisive. Mais il fallait saisir l'instant exact où elle pouvait être exécutée. Mise en scène trop tôt, l'ennemi lui aurait opposé des réserves ; trop tard, si déjà nos rangs eussent trop plié, elle eût été impuissante à ramener le succès.

Saisir l'instant exact de l'attaque, là est le génie.

Pour Napoléon, la préoccupation de cet instant est telle, qu'elle se trahit dans chacun de ses bulletins :

« Sa Majesté jugea que le moment de crise qui décide du gain ou de la perte des batailles était arrivé : il n'y avait plus un moment à perdre. » (*Bulletin de Lützen.*)

« Le moment de décider la bataille se trouvait, dès lors, bien indiqué. » (*Bulletin de Bautzen.*)

« Le moment parut décisif. » (*Bulletin de Wachau.*)

L'attaque décisive étant la dominante de la bataille, on peut décomposer celle-ci en trois actes :

1er *acte*. — Préparation de l'attaque décisive.
2e *acte*. — Attaque décisive.
3e *acte*. — Exploitation de l'attaque décisive ou réparation de l'échec de l'attaque décisive.

1er acte. — Préparation de l'attaque décisive.

Cette préparation comporte elle-même deux scènes :

La première scène, c'est le combat de neutralisation [1]. Ce combat a pour but de déterminer l'adversaire à présenter un front ferme sur lequel on puisse manœuvrer, immobiliser ses forces, neutraliser ses renforts, lui faire engager toutes ses réserves.

La deuxième scène est celle dans laquelle se détermine le point d'application de l'attaque décisive, et cela au moyen de l'attaque débordante formant *événement*.

L'*attaque débordante* est certainement la pièce la plus originale de la bataille napoléonienne, et je ne parle pas ici de la *masse tournante*, destinée à rendre la *bataille décisive*, comme celle de Davout à Iéna, de Ney à Bautzen,... mais de la simple *masse débordante* ayant le rôle purement tactique de décider la victoire, qu'on trouve

---

[1] J'emploie le mot « combat de neutralisation », au lieu de celui de combat d'usure, qui a été quelquefois employé, parce qu'il me paraît mieux caractériser le but de ce combat.

Il s'agit beaucoup moins d'exterminer les forces ennemies que de les immobiliser, de les *neutraliser* sur tout le front, pendant qu'on lance sur un point de ce front une attaque décisive. Ce résultat ne peut d'ailleurs être obtenu que par le combat, c'est trop évident.

Mais à vouloir user l'ennemi, on risquerait de s'user soi-même ; et si l'on attendait, pour lancer l'attaque décisive, que l'ennemi fût usé, on risquerait fort de n'avoir plus rien à lancer.

dans celles de ses batailles où Napoléon joue le plus serré, où il n'est pas sensiblement supérieur à l'ennemi, comme à la Moskova, par exemple, ou à Wagram.

C'est par le jeu systématique de cette masse débordante que Napoléon détermine A PRIORI le point d'*application* et le *moment* de l'attaque décisive.

Et comme c'est là le caractère primordial de la structure interne de la bataille napoléonienne, il est nécessaire d'y insister.

Depuis quelques années on s'en va répétant que la formule de la bataille est : « On s'engage partout et on voit. »

Vraie peut-être pour la bataille de très petites unités, d'une division, d'un corps d'armée, cette formule est fausse lorsque les effectifs s'élèvent, et, en tout cas, jamais elle n'a été la formule de Napoléon.

On connaît l'origine de cet aphorisme : « On s'engage partout et on voit ». Il vient des mémoires du général Rapp, aide de camp de l'Empereur, car ce brave Alsacien et ce grand sabreur a voulu, tout comme un autre, écrire ses mémoires. Un jour donc, Rapp s'enhardit à demander à Napoléon le secret de la victoire : « On s'engage partout et on voit », lui répondit le maître.

Et ce grand tacticien de Rapp se le tint pour dit.

Eh bien, non, le maître n'a pas dit ce jour-là son secret à Rapp ; mais ce secret, qu'il n'a dit à personne, on peut le surprendre dans les critiques qu'il a faites à Eugène, à Murat, à Marmont, à tel ou tel de ses maréchaux après une bataille perdue ou sans résultat, ou mieux encore dans ces bulletins de bataille, écrits le soir même de la lutte, tout chauds encore des préoccupations capitales qui l'ont agité dans la journée. Il n'y a qu'à lire, une fois averti, pour voir qu'en tactique, pas plus qu'en stratégie, Napoléon n'a jamais condescendu à se mettre à la remorque de son adversaire, à attendre que cet adversaire lui dictât le plan de sa bataille.

Non, dès qu'il avait pu se faire, par ses renseignements, par ses reconnaissances, quelquefois par un engagement préalable, une idée sommaire des dispositions générales de l'ennemi, il arrêtait son plan d'après la situation stratégique, et ces dispositions générales et ce plan ne pouvait subir que de faibles modifications dans le courant de l'action.

Dans bien peu de batailles, le point d'application de l'attaque décisive fut déplacé dans le courant de l'action en raison des événements, et il suffit de penser à Wagram, où le fait s'est produit, pour saisir toute la difficulté et les dangers d'une modification au plan général.

Napoléon a toujours à l'avance fixé le point d'application de son attaque décisive sur l'aile de l'ennemi contre laquelle il lançait son attaque *débordante*, c'est-à-dire sur l'aile de l'ennemi la plus voisine de sa ligne de retraite. La raison en est bien simple. Toutes les forces, toutes les réserves de l'ennemi sont engagées sur son front, son attention y est concentrée, et voilà que, tout à coup, une masse lui est signalée qui s'avance sur son flanc, presque sur ses derrières. Que lui opposer? comment entraver sa marche, comment l'arrêter à bonne distance de cette aile sur laquelle elle va se rabattre comme la seconde mâchoire d'une tenaille?

Pris au dépourvu, frappé par cet *événement* [1] inattendu, l'adversaire perd sa présence d'esprit [2], il est

---

[1] Dans ces dernières années, on a souvent employé le mot *événement* pour désigner l'*attaque décisive*. La faute en est à un passage des *Mémoires de Gouvion-Saint-Cyr*. Il est facile de se convaincre, en étudiant les grandes batailles de Napoléon, que ce mot doit être réservé à l'attaque débordante. L'*événement* n'est pas l'attaque principale : à celle-là l'ennemi s'attend, mais une attaque imprévue comme l'est l'attaque débordante.

[2] *Mémorial*, 19 novembre 1816. On demandait un jour, devant Napo-

voué à toutes les fautes devant Napoléon en arrêt! Il lui faut jeter sur son front quelques morceaux de réserve précieusement conservés, ou même étendre ce front au détriment de sa densité, en un mot « affaiblir sa ligne dans un moment important, c'est ce moment qui fait perdre toutes les batailles [1] ».

L'ennemi s'affaiblira à son aile menacée; il se produira, dans le front ennemi prolongé, une ligne de rupture au point précis devant lequel Napoléon a préparé sa *masse de rupture*, et au moment précis qu'il a calculé.

C'est à la suite, en effet, des calculs les plus minutieux sur le moment où l'attaque débordante ou tournante pourra entrer en jeu que Napoléon fixe l'heure à laquelle il entamera le combat de front et l'heure probable à laquelle il fera son attaque décisive.

Ainsi donc, ce premier acte, consacré à la préparation de l'attaque décisive, comprend deux scènes. La première forme le combat de neutralisation; la seconde, l'entrée en ligne de l'attaque débordante.

Scène I. — Combat de neutralisation. — Déterminer l'adversaire à présenter un front ferme sur lequel on puisse manœuvrer, immobiliser ses forces, neutraliser ses renforts, lui faire engager toutes ses réserves : tel est, nous l'avons dit, l'*objet* du combat de neutralisation; le *moyen* : s'emparer d'une ligne solide de points d'appui sur lesquels l'ennemi viendra s'user.

Napoléon n'attribue à cette première besogne que les effectifs strictement nécessaires et répartit en arrière de la ligne, sans en abandonner la disposition à ses lieutenants,

---

léon, comment il arrivait que des malheurs encore incertains frappaient parfois beaucoup plus que les malheurs déjà arrivés? « C'est, répartit-il, que dans l'imagination comme dans le calcul, la force de l'inconnu est incommensurable ».

[1] Lettre de Napoléon à Murat, du 13 octobre 1813.

les *réserves spéciales* qui doivent servir à neutraliser les renforts amenés par l'ennemi.

Mais ces réserves, il ne les lâche qu'à bon escient. Aux officiers d'ordonnance de ses maréchaux qui viennent crier misère, il répond brutalement :

« Est-ce que votre maréchal croit que j'ai du monde à lui donner? Qu'il s'attache au terrain, le défende pied à pied, s'il ne peut gagner sur l'ennemi. »

Il veille seulement à ce que le front général ne soit pas enfoncé, et laisse la lutte se poursuivre avec des chances diverses autour des points d'appui. C'est le moment où, vaincu par le sommeil, il dort une heure pour rafraîchir son esprit.

Dans le combat de neutralisation c'est l'infanterie qui est l'agent principal, l'infanterie aidée par l'artillerie; c'est elle qui court aux points d'appui, les enlève, les défend contre tous les retours offensifs de l'ennemi.

Scène II. — Attaque débordante. — Mais Napoléon s'est réveillé, il a tiré sa montre; l'attaque débordante ne peut être loin du champ de bataille, et bientôt son action se fera sentir. L'œil à la lunette, il interroge l'horizon; un grand remous apparaît chez l'ennemi : l'instant décisif est arrivé.

Ce trouble moral et matériel, objet de l'attaque débordante, celle-ci ne le produit que si elle forme véritablement « événement », surprise. Sans surprise, pas de démoralisation.

Cette surprise, c'est l'affaire de la cavalerie, aidée par l'artillerie légère; c'est elle qui, mettant l'attaque débordante à l'abri des découvertes de l'adversaire, l'empêche d'être éventée et lui permet de sortir brusquement du terrain devant l'ennemi épouvanté. Aussi Napoléon attribue-t-il à l'attaque débordante un corps nombreux de cavalerie.

Une fois démasquée, c'est par la rapidité de sa marche, par sa masse, par son énergie, que l'attaque débordante peut remplir sa mission; qu'elle pousse en avant, sans hésiter, quitte à passer de l'offensive à la défensive lorsque les forces ennemies grossiront autour d'elle. D'ailleurs, son effectif lui permet de tenir bon deux ou trois heures.

Bientôt l'effet de l'attaque décisive se fera sentir sur tout le champ de bataille. La résistance rencontrée par l'attaque débordante ira s'affaiblissant; qu'elle pousse alors hardiment de l'avant, vite et loin sur les derrières de l'adversaire. S'il appartient à l'attaque décisive de *décider* la victoire, c'est à l'attaque débordante à rendre celle-ci *décisive*. Lancée par le plan général sur la dernière ligne de retraite de l'adversaire, elle doit y former une barrière inébranlable où viendront s'écraser pêle-mêle tous les fuyards. Rien ne doit échapper.

On conçoit quelle énergie, quelle initiative sagement contenue, quelle habileté, quel sang-froid, quel dévouement il faut à un général pour conduire à bien une attaque débordante.

2ᵉ acte. — Attaque décisive.

L'attaque décisive, c'est un coup de force à tenter contre une portion du front ennemi. La brusquerie de l'attaque doit enlever à l'adversaire la possibilité d'y parer au moyen de ses réserves partielles ou générales.

L'attaque décisive, aussi bien que l'attaque débordante, doit surprendre l'ennemi. A cet effet, la masse de rupture doit partir de près. Elle doit être amenée en secret tout près de son point d'application.

Elle est formée des trois armes : chacune a un rôle important à jouer.

L'artillerie fait la brèche; l'infanterie monte sur la brèche, l'occupe; la cavalerie y passe, détermine la déroute.

Le *dispositif* de la masse de rupture est formé en conséquence : un énorme carré, artillerie au centre, en masse,
en masse l'infanterie à droite et à gauche, en masse derrière la cavalerie.

Il n'est plus question ici d'éviter les pertes. On va vite
et droit pour produire sur le front adverse par un vigoureux coup de force, une désorganisation locale assez puissante pour en entraîner la désorganisation totale : « la
brèche faite, l'équilibre est rompu, tout devient inutile ».

3ᵉ acte. — Exploitation de l'attaque décisive.

C'est seulement dans la poursuite que se recueillent les
fruits de la victoire. Celle-ci coûte souvent plus cher au
vainqueur qu'au vaincu, mais dans la poursuite, le vainqueur fait payer au vaincu ses pertes au centuple.

C'est à la cavalerie appuyée par l'artillerie et suivie par
de l'infanterie qu'est dévolue l'exploitation de la victoire.
Ce fut la raison de ces puissants corps de cavalerie que
créa Napoléon. Corps difficiles à manier peut-être, mais
d'une absolue nécessité.

Aux beaux jours de 1805, de 1806, on vit cette cavalerie entraînée par Murat, par Lasalle, s'élancer à la
suite des fuyards, les envelopper, leur faire mettre bas les
armes, prendre les places fortes par surprise, rien n'échap-
pait au vainqueur !

Tel est le plan général de la bataille napoléonienne
d'une logique admirable, c'est sur ce plan qu'il a bâti
toutes ses batailles sauf une seule, c'est de ce plan que
sont sorties ses merveilleuses victoires.

IV

AUSTERLITZ

———

Une seule fois, en 1805, au commencement de sa carrière, Napoléon, au lieu d'aller se placer sur la ligne de retraite de son ennemi, attira cet ennemi par une feinte habile sur un terrain qu'il avait choisi. Et sur ce terrain même, il provoqua son attaque, et ce fut Austerlitz.

Que n'a-t-on pas dit, à propos de cette bataille d'Austerlitz. Les uns ont voulu y voir une bataille défensive, d'autres une bataille défensive-offensive.

Ce n'est pas ici le lieu de l'étudier dans son détail; qu'il nous suffise de dire, pour ceux qui se plaisent à s'embarrasser dans ces vocables impropres, que ce fut une bataille offensive, mais à offensive retardée.

Napoléon n'ayant pas le moyen de faire, sur le flanc des Russes, cette attaque débordante destinée à créer un point faible près de l'une de leurs ailes, leur tendit un piège pour créer ce point faible au plateau de Pratzen, vis-à-vis lequel il avait à l'avance placé sa masse de rupture.

CONCLUSIONS

Et maintenant nous voyons qu'une idée commune domine la tactique et la stratégie de Napoléon : c'est de déterminer la *démoralisation préalable* de l'adversaire, par l'apparition brusque de masses armées sur sa ligne de retraite. Cette démoralisation est obtenue dans le champ stratégique par une manœuvre initiale, dans le champ tactique par l'attaque débordante.

Cet exposé abstrait de l'art napoléonien, tout incomplet qu'il soit, peut suffire pour diriger l'analyse détaillée des campagnes et des batailles.

Il suffit aussi pour montrer quel rôle joue à la guerre le général en chef dont il est de mode aujourd'hui de nier l'influence.

Aujourd'hui on fait volontiers bon marché de l'action directrice du commandement. L'idéal du général en chef serait à croire certains, ce vieux Kutusow, inerte et hébété, du roman de Tolstoï, mangeant sa cuisse de poulet sur le champ de bataille de la Moskova, attendant passivement la victoire de la ferveur religieuse de ses troupes. La victoire ? l'a-t-il eue à Austerlitz, l'a-t-il eue à la Moskova ? Singulière victoire, où l'on décampe le soir même !

Certes, je ne suis pas de ceux qui, négligeant les forces morales, ne voient le succès que dans les seules combinaisons du nombre.

Oui, c'est par le cœur des hommes que se gagnent les batailles. Et l'éducation militaire, la confiance dans les chefs ne doit pas être la moindre partie de la préparation à la guerre.

Forces morales, forces matérielles : voilà le double levier du commandant en chef dans la bataille. Il doit en conserver la direction.

Et demain, pas plus qu'hier, un chef digne de vaincre ne laissera la bataille se dérouler d'une manière pour ainsi dire fatale, attendant tout de l'heure qui s'écoule.

Demain comme hier, celui-là vaincra qui saura préparer le plan de la bataille et ses différentes scènes, qui saura la faire marcher logiquement vers son but et l'amener à son explosion finale.

Versailles, 23 septembre 1898.

TABLE DES MATIÈRES

Paris. — Imprimerie R. CHAPELOT et Cᵉ, 2, rue Christine.